AF358284

LE SIRE DE PÉRONVILLE ET LA BÊTE D'ORLÉANS

Epuisé

Sœur Eve

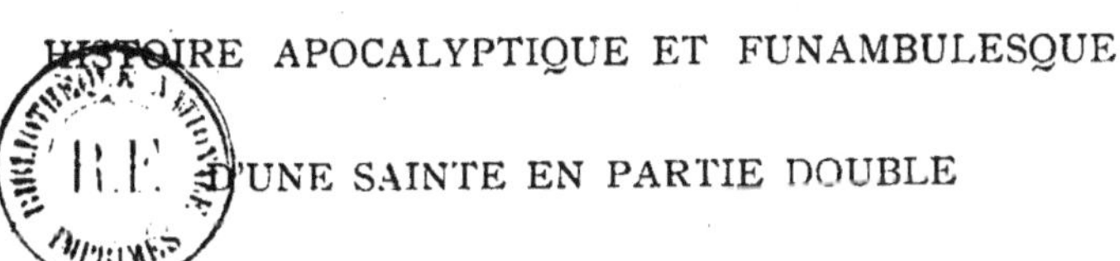

HISTOIRE APOCALYPTIQUE ET FUNAMBULESQUE

D'UNE SAINTE EN PARTIE DOUBLE

PAR

Emile MAISON

EN VENTE A DREUX

CHEZ LES OISELEURS ET LES CUEILLEUSES DE GUI

—

1888

A Monsieur Henry CARNOY

Folk-Loriste

Son affectionné

DOMUS

Pêcheur à la ligne

Dreux, ce 1er jour des ides de mars 1888 ap. J.-C.

SŒUR ÈVE

Histoire apocalyptique et funambulesque d'une

sainte en partie double

Ceux des Fenots, qui sont gens de bien, quoique le diable les ait maintes fois visités, ne me pardonneraient pas de mal parler de leur sainte. Aussi bien ne saurait-ce être mon dessein en racontant cette légende : car, quel que soit le temps, le respect n'est point défendu. Celui-là est un mauvais fils qui raille la foi des anciens jours, qui marque son mépris des préjugés en affichant les siens, et feint d'ignorer que la prière a été durant des siècles et des siècles le refuge des âmes meurtries, et que les vieilles grand'mères ont usé leurs genoux sur les dalles des églises romanes et gothiques, pleurant sur les bien-aimés de leurs entrailles. Pour moi, quoique fils d'un siècle qui a rompu toute tradition avec le passé, il me souvient d'avoir gémi avec les peuples primitifs de l'Arcadie et de l'Hellade, quand ils apprirent la mort de Pan, dieu suprême, identique à la nature et à l'universalité des êtres. C'est à cette religion du passé, à cet esprit de fraternité à travers les âges, que se reconnaît, selon moi, le libre-penseur, et non à l'état d'intolérance quasi barbaresque où certains sectaires dépourvus de toute exégèse, rebelles à tout concept idéaliste, s'efforcent de ramener le pays de Rabelais, de Montaigne et de Voltaire.

Essayons donc de raconter ici cette très curieuse légende, d'après les anciennes chroniques, sauf à les rectifier en passant d'un simple trait de plume. Je sais bien pourtant que je heurterai plus d'une fois de front l'apostolat de M. l'abbé Vivier, ancien vicaire de Dreux, auteur d'une notice sur sainte Ève, « vierge et martyre, patronne de la ville de Dreux », qui se termine par cette invocation : *Tu gloria Jerusalem, tu lœtitia Israel; tu honorificentia populi nostri ;... eris benedicta in æternum* (1). Cette manière d'approprier les anciennes Ecritures à l'histoire locale ne laisse point que d'être originale, quand même honorifique ; encore n'est-ce point là-dessus que je reprendrai ce digne et excellent abbé, dont la dévotion pour une héroïne du moyen-âge a quelque chose de touchant, malgré tout. Mais enfin, Dieu merci! le pays Drouais est terre de Beauce, et non d'Israël.

---

(1) *Judith,* XV, 10, 11.

Sœur Eve naquit dans l'ancienne *Legia* ou Légie (*vulgo* Liège, au pays de Brabant) dans les premières années du XIIIe siècle, d'une mère chrétienne nommée Melchiade et d'un père idolâtre qui avait nom Isabot, bourgmestre de cette cité, sous le titre de président de république, ainsi qu'il appert des manuscrits du temps et autres témoignages non suspects. Non contente de sucer le lait maternel, l'enfant se nourrissait de sa foi ardente ; il est même permis d'avancer que son premier bégayement fut un cri d'amour chrétien. Malgré le grand courroux de son père, elle manifesta donc de très bonne heure l'intention de se consacrer à Dieu, encouragée d'ailleurs par un saint homme de chanoine de l'église Saint-Martin-du-Mont, nommé Jean de Lausanne, sans doute à cause de son origine helvétique.

Elle croissait chaque jour en science et en sagesse, au point d'oublier qu'elle était d'une beauté accomplie ; et pourtant, rapportent les chroniqueurs, jamais plus belle fleur vivante n'était éclose sous le ciel légien, n'avait exhalé plus suave parfum autour d'elle. C'est à qui l'eût voulu prendre pour femme ; tant et si bien que messire Isabot la dut presser de faire choix entre la foule des prétendants, tous de bonne mine et de fortune bien acquise. Mais dame Melchiade, qui redoutait pour sa fille les suites d'une plus longue résistance à la volonté paternelle, s'enfuit avec elle dans une retraite ignorée des profanes, où Eve pût savourer à loisir les pures extases de la prière et les indicibles jouissances du mysticisme ; aussi ne lui en coûta-t-il point de faire vœu de virginité. Quoique cela, son âme filiale et chrétienne souffrait cruellement de savoir l'auteur de ses jours livré aux grossières pratiques du paganisme.

La voici donc revenue à Liège, dans le louable dessein de convertir ce père idolâtre qui, plutôt que de lui ouvrir ses bras, lui fait donner des verges par ses estafiers et l'enferme dans un noir cachot, l'espace d'une semaine, privée de nourriture, après l'avoir préalablement enchaînée par de solides liens. On ne s'explique pas bien toutefois que messire Isabot, étant chef d'Etat et si animé contre la secte nouvelle, n'ait rien édicté à son endroit; nous n'entrevoyons en effet nulle trace de persécution ni de vandalisme. Isabot n'était même pas un iconoclaste.

Or, le matin du neuvième jour de cette dure captivité, Isabot voulant pénétrer près d'Eve pour savoir quand il lui plairait de revenir à d'autres sentiments, grande fut sa surprise de s'apercevoir qu'un être surnaturel emportait sa fille sur ses ailes diaphanes et resplendissantes de lumière. Malgré l'évidence du miracle, cet homme farouche et inhumain, selon la formule de ses détracteurs posthumes, ne s'amenda point. Nul doute même que, voyant sa fille s'envoler dans les bras d'un ange, il n'ait blasphémé comme un païen, qu'il était du reste.

Eve trouva un refuge chez les sœurs hospitalières du Mont-Carillon, près de Liège, où une de ses parentes nommée Julienne vivait en odeur de sainteté. C'est là qu'elle eut une admirable vision : elle vit la lune dans son plein, mais qui présentait un défaut dans sa rondeur. Ayant, avec sainte Julienne, imploré les lumières de l'Esprit saint, elle en reçut cette réponse : « Que la lune représentait la sainte Eglise, et que le défaut (de la lune) était l'oubli qu'on avait fait de la fête du Saint-Sacrement, que Dieu voulait établir. » (Manuscrit de la bibliothèque de Chartres). Cette vision avait eu lieu en 1230 ; encore n'est-ce qu'en 1246, que l'évêque de Liège décréta, dans son synode, l'établissement de cette fête..... disons lunatique à cause de son origine, nonobstant notre respect des choses saintes.

Importunée alors des hommages dont elle était l'objet de la part des fidèles du pays liégeois, elle entreprit un pélerinage en Palestine. « Elle adora en passant, raconte Mme Philippe Lemaitre, le sang qui coulait en abondance d'une hostie qu'un prêtre sacrilège avait percée avec une épingle, après la consécration (1). La vue de ce miracle redoublant l'enthousiasme d'Eve, elle courut à Rome (2) en raconter les détails à Jacques de Troyes, qui occupait le Saint-Siège, sous le nom d'Urbain IV, lequel, émerveillé du récit d'Eve, prescrivit par bulle en double exemplaire que la Fête-Dieu serait dorénavant célébrée dans ses Etats, le deuxième jeudi de la Pentecôte. Un des deux exemplaires était destiné aux évêques de France, la fille aînée de l'Eglise.

Quant à la relation de son voyage au Saint-Sépulcre, plus un mot dans les manuscrits de Dreux et de Chartres ; oubli ou silence qui permet de croire à un pélerinage apocryphe, d'autant mieux que nous ne tardons pas à retrouver sœur Eve sur les bords de la Meuse, dans une cellule du Mont

---

(1) Cette relique fait partie du trésor de l'église Saint-Pierre, anciennement de Saint-Etienne. Une note de l'auteur du manuscrit de Dreux nous apprend qu'on cessa de montrer cette hostie au peuple, depuis la visite de Mgr Lescot, évêque de Chartres (1641-1656), qui, « en ayant entendu parler, voulut la voir, et, la larme à l'œil, deffendit dans la suitte de la faire voir. » C'était vraiment se montrer peu gracieux pour les habitants de Dreux, dont il était l'hôte.

Mentionnons aussi, parmi les autres reliques, une image d'argent dans laquelle il y a du lait miraculeux de la Sainte Vierge lorsqu'elle apparut à saint Bernard, qui avait pourtant sur la conscience cette parole impie et discourtoise : « La femme c'est l'organe du diable. »

(2) Non pas dans la Ville éternelle, réplique M. l'abbé Vivier, attendu que le pape avait fui à cause des troubles excités à Rome par la tyrannie de Mainfroi ou *Manfred*, roi des Deux-Siciles ; non pas à Civita-Vecchia, comme le prétend Schrockh; mais à Orviéto (d'autres disent Viterbe).

Saint-Martin, et non plus au Mont-Carillon, Julienne étant
morte le 5 avril 1258. Mais bientôt voulant « dérober sa vertu
à l'admiration des habitants de Liège », elle prit ses jambes
à son cou et se mit en marche en s'orientant vers l'ouest.
M. l'abbé Vivier veut au contraire que cette sainte fille ait
été obligée de fuir pour échapper aux persécutions du toit
paternel; Isabot est sa bête noire. Et voilà sœur Eve qui,
sans autres renseignements, arrive en haut de Garnay, ayant
franchi en quelques jours une distance d'environ cent lieues,
en ligne directe et à vol d'oiseau; comme si elle eut voulu le
disputer à ce même vol aérien.

« Là, quelque part, raconte avec un grand très sérieux
Mme Lemaitre, vivait pauvre et retirée une veuve dont la
physionomie plut à la sainte, qui la pria de lui permettre de
demeurer avec elle.

« — Hélas! ma fille, lui répondit cette femme, que me deman-
dez-vous, et quelle nourriture aurais-je à vous offrir? Pauvre
et infirme, c'est à peine si je puis recueillir assez de pain
pour chaque jour, en conduisant pâturer, parmi les bruyères
qui s'étendent au sommet des côtes que nous découvrons d'ici,
quelques brebis que je vais chercher dès le matin chez des
personnes du voisinage, et que je reconduis le soir, ne recevant
souvent, avec le quart de mon salaire, que des injures et
du mépris, parce que je suis chrétienne, et qu'ils suivent encore,
eux, le culte antique des Druides. Voyez donc quel serait,
en ces lieux, le sort d'une personne, belle comme vous l'êtes,
et douce comme vous le paraissez!...

« — Ma bonne mère, interrompit Eve, laissez-moi demeurer
avec vous; ce sera moi qui, désormais, essuierai les rebuts
de ces impies; j'irai chercher leurs troupeaux, animée de

la plus vive confiance dans les desseins du Seigneur qui m'envoie...

« Comme elle parlait, une auréole lumineuse entoura tout à coup sa tête ; ce que voyant la vieille femme, elle s'écria en ployant les genoux : « Ah ! je reconnais que je dois vous recevoir, car vous êtes bien véritablement l'ange du Très-Haut ! Entrez donc dans ma cabane, et que la volonté de Dieu soit faite ! »

Là-dessus, l'abbé Vivier, fort en colère contre le narrateur féminin, de s'écrier : « Toujours de la poésie et de l'imagination ! Est-ce donc ainsi qu'on écrit l'histoire ! » Et alors de préciser le lieu où s'élevait la cabane, sur laquelle a été rebâtie, en 1863, une maison appartenant à Dominique Diard, tisserand de son état. Quant à la beauté d'Eve, du moins au moment de sa prétendue arrivée à Garnay, elle est purement conjecturale, puisque d'après l'abbé Vivier lui-même, elle comptait cinquante-huit ans bien sonnés au moment de son martyre. Oui, que viennent faire là ces anciens Druides, émules de Mathusalem ! « J'ai peine à croire, dit notre pieux annotateur, que la religion druidique existât encore à cette époque. Mme Lemaître veut sans doute parler des Vaudois ou des Manichéens ? » L'histoire de Dreux, il est vrai, ne fait mention ni des uns ni des autres ; mais ce doit être une lacune, puisque l'apologiste de sainte Eve en a découvert quelque part ; en tous cas, j'en veux jurer ici, ce ne serait pas à Vernouillet, car jamais l'hérésie n'eut osé y montrer seulement le bout de son nez crochu. Cet hommage rendu aux fidèles de Vernouillet, je reviens avec Mme Lemaître chez la veuve de Garnay, où Eve a trouvé asile :

« A partir de ce jour, chaque matin on la vit (notre future patronne), les pieds trempés par la rosée, mener paître ses brebis parmi les ajoncs et les bruyères qui avoisinent le château de Dreux. Dès qu'elle entendait retentir dans les airs la cloche de la chapelle Saint-Etienne, elle rassemblait son troupeau autour de sa houlette fichée en terre ; puis elle allait entendre la messe, entrant au château par une porte située près de la courtine orientale, et que lui ouvraient les sentinelles qu'avaient gagnées sa douceur et sa piété. Après la messe, elle courait retrouver ses brebis, et, descendant sur le coteau escarpé qui longe le chemin de Fermincourt, elle les conduisait se désaltérer dans les eaux bleuâtres de la Blaise. Enfin, le soir, accablée de fatigue, après avoir ramené chaque troupeau à son bercail, elle allait chercher le repos et le sommeil sur un lit de bruyères, non sans avoir, au préalable, élevé vers le ciel de ferventes prières pour la conversion des idolâtres qui l'abreuvaient de dégoûts et de mauvais traitements.

« Cependant comme le parfum de la violette trahit au loin sa présence sous les buissons, bientôt la renommée de la sainteté d'Eve se répandit dans les environs. D'abord les chanoines de Saint-Etienne, qui la voyaient tous les jours pieusement recueillie et prosternée sur les dalles de leur église, voulurent connaître son histoire. Mais l'humble fille, sans leur découvrir ni sa haute naissance, ni les persécutions qu'elle avait jadis souffertes pour le vrai Dieu, leur raconta comment elle avait vu instituer à Liège la fête du Très-Saint-Sacrement ; elle leur en décrivit les splendeurs, et leur fit entendre combien il serait heureux pour le pays de voir s'établir dans la chapelle de Saint-Etienne une pareille solennité et une confrérie de ce nom. Le feu de ses discours étonna et émut à tel point les chanoines, qu'ils parlèrent d'elle à l'évêque de Chartres. Ce dernier l'ayant entretenue à son tour, s'empressa d'autoriser aussitôt le chapitre royal de Dreux à faire ce que désirait la sainte fille ; tellement qu'elle put bientôt jouir du bonheur de voir célébrer à Saint-Etienne de Dreux la fête solennelle de l'Homme-Dieu, dont l'amour dévorait son cœur.

« L'institution de cette cérémonie fit beaucoup de bruit dans le pays de Dreux ; de toutes parts on accourut vers Eve pour entendre ses pieux discours ; et toujours en la quittant on se sentait embrasé d'une ferveur nouvelle. Quelques idolàtres même furent convertis en l'écoutant ; mais cette gloire lui coûta la vie. Trois impies, qui pratiquaient encore en secret, au fond des retraites les plus sauvages de la forêt de Dreux, les rites du culte d'Hésus, (1) résolurent de s'emparer d'Eve, afin de lui faire subir, dans une affreuse captivité, les plus effroyables tortures. Dans ce dessein, ils se cachèrent derrière des buissons, un matin qu'elle venait de partir pour entendre la messe à Saint-Etienne. Dès qu'elle reparut, et qu'ils la virent à leur portée, ils s'élancèrent sur elle, et, la saisissant, ils s'efforçaient de l'entraîner, quand tout à coup ils se sentirent assaillis par les deux sentinelles de la courtine orientale, qui, les ayant aperçus, accouraient au secours d'Eve. Furieux, les Druides se retournèrent et firent face aux sentinelles ; mais l'un des trois voyant qu'Eve s'enfuyait, se précipita à sa poursuite et la massacra à coups de poignard. Pendant ce temps ses compagnons avaient tellement pressé les sentinelles que celles-ci étaient tombées sans vie. Les assassins, sans se soucier de leurs cadavres, enlevèrent le corps d'Eve et le jetèrent dans une fosse voisine assez profonde, qu'ils comblèrent de tous les cailloux qu'ils purent ramasser, après quoi ils se retirèrent dans la forêt. »

Combien cette naïve légende serait de nature à nous faire

---

(1) L'idolatrie de Mme Philippe Lemaître pour sœur Eve lui fait voir partout des idolâtres... et des convertis, quand ce ne sont pas des meurtriers. N'oublions pas que cet Hésus (le *terrible* en celtique), était le dieu des Gaulois, celui qui présidait aux combats ainsi qu'aux chants des bardes.

illusion et à nous émouvoir, n'était le soin superflu qu'a pris l'auteur d'y apposer le millésime du XIIIe siècle ! Et maintenant, écoutons Dorat (1), que reproduit avec un *sic* l'ancien vicaire de Saint-Pierre :

« Il a été, de temps immémorial, publié dans Dreux qu'ils ont
« le corps de sainte Eve, vierge et martyre, qui fut fait mourir
« par son père Isabel, premier président de Liège, qui, la voyant
« ferme et inébranlable dans la religion catholique, où sa mère
« l'avait fait élever, et de laquelle il n'était point, après lui
« avoir fait souffrir toutes sortes de maux imaginables, lui
« trancha enfin la tête à l'âge de trente-cinq ans (2), l'an 417 *(sic)*,
« entre le chemin des Fenots et celui des Corvées, à l'endroit
« où est aujourd'hui la chapelle de son nom, où son père était
« venu de Liège exprès pour assouvir sa rage, ayant découvert
« qu'elle était dans ce pays, où, par humilité, elle s'était mise à
« garder les moutons, et où elle fit nombre de conversions, et
« de miracles après sa mort. » (Page 235.)

Au contraire, l'auteur anonyme du manuscrit de la bibliothèque de Chartres veut à toute force, avec Donnant, (3) que l'évangélique pastoure ait été massacrée à coups de pierres, tandis qu'à l'exemple de saint Etienne, elle se tenait à genoux, recommandant son âme à Dieu et le priant de pardonner à ses bourreaux. Hé quoi ! Elle gît là, privée de vie, les membres

---

(1) Manuscrit de Dorat de Charmeules, seigneur de la Barre, conservé à la bibliothèque de l'Arsenal à Paris, traitant des *Antiquités de la ville de Dreux* (1740). Dorat, conseiller du roi, avait épousé Denise de Rotrou, troisième fille d'Eustache de Rotrou.

(2) Non, cinquante-huit ans, d'après M. l'abbé Vivier, qui a fait le voyage de Liège et s'est renseigné à la Mairie.

(3) Les manuscrits de Toussaint-Antoine Donnant, chanoine de la collégiale de Saint-Etienne de Dreux, ayant pour titre : *Essais sur la Ville et le Comté de Dreux* (2 vol. in-12, 1788) sont la propriété de M. Lemenestrel, maître imprimeur en cette ville.

pantelants, sur le chemin de Dreux aux Fenots, et personne ne songe à lui donner une sépulture chrétienne ? Ni les gens du château, ni les chanoines de Saint-Etienne ne s'en inquiètent ?... On n'a pu savoir, dit Donnant, d'accord cette fois avec Dorat, à quelle époque ses os furent levés de terre ; mais il veut bien nous apprendre que ce ne fut qu'après plusieurs miracles opérés sur son tombeau, que l'on porta ses restes au trésor de Saint-Etienne, pour être renfermés dans une châsse précieuse ; après quoi, son culte étant devenu florissant, Dreux l'adopta pour patronne. On invoquait sainte Eve dans les dérangements des saisons pour obtenir un temps favorable aux biens de la terre et pour détourner les orages ; alors le chapitre royal promenait la châsse en grande cérémonie par la route de Bretagne, ou du côté de Nuisement.

Mais, voilà le diable ! La recluse Eve, comme on dit là-bas, au pays de Brabant, aurait eu son tombeau dans l'église Saint-Martin-de-Liège, détruite par un incendie. Miraculeusement sauvé du désastre, la Collégiale rebâtie, on déposa ce tombeau dans la chapelle dédiée auparavant à saint Jean l'Évangéliste et aux onze mille vierges. Le 4 juin 1622, à la demande de l'infante Isabelle-Claire-Eugénie, princesse souveraine des Pays-Bas, on ouvrit le cercueil de la sainte « et on fit une distribution de « plusieurs parties de son corps à différentes personnes de la « plus haute distinction ». On ne laissa dans la châsse que le crâne, quelques os des bras et autres menus restes de l'exhumée. Quant aux jambes, elles avaient disparu. L'infante s'adjugea pour sa seule part la mâchoire avec quatre dents molaires. Marie Leczinska, reine de France, reçut aussi son petit cadeau. La princesse de Brabançon fut gratifiée d'un os de l'épine dorsale, etc., etc.

Faut-il donc croire à la non identité de nos deux saintes ? demande M. l'abbé Vivier ; car le voilà jonglant avec les dates,

puis avec les textes du P. Bertholet et du P. Fisen, pour s'appuyer
ensuite sur une lettre du chanoine Lupus, qui se contente de
dire que la recluse du mont Saint-Martin a laissé à Liège « la
mémoire d'une femme pieuse. »

Or, une femme pieuse, morte de vieillesse ou de maladie,
selon toute vraisemblance, cela ne suffit pas à M. l'abbé Vivier ;
il lui faut une sainte authentique, c'est-à-dire canonisée. Faisons
d'abord observer, dit-il, les Bollandistes en font foi, que sainte
Eve est honorée comme martyre, et « reconnue pour sainte de
temps immémorial », ajoute le trop complaisant panégyriste, en
s'abritant du coup derrière l'opinion du P. Cahier, de la
Compagnie de Jésus, nonobstant qu'elle soit en opposition
formelle avec la jurisprudence canonique établie par Urbain VIII·
Mais, fait observer un autre jésuite non moins convaincu,
M. de Moy, « la béatification des martyrs diffère de celle des
« confesseurs, et le culte public d'un martyr, quand il s'accorde
« avec la tolérance de l'évêque du lieu, est autorisé. Cette auto-
« risation se nomme *béatification équivalente* (1) ». Or, les
évêques de Chartres ayant toujours toléré, sœur Eve continua
de jouir, à Dreux et aux Fenots, de cette béatification équivalente ; tant il est vrai qu'il y a toujours des accommodements
avec le ciel.

Vers la fin du mois d'octobre 1861, cependant, M. Levassort,
curé de Saint-Pierre, et M. l'abbé Vivier, vicaire de la dite
paroisse, ne se croyant peut-être pas tout à fait en règle avec
leur conscience ecclésiastique, s'adressaient à leur évêque,
Mᵍʳ Regnault (Louis-Eugène), lui exposant qu'ils avaient conçu
le projet de « réhabiliter et authentiquer de nouveau les reliques
« de notre sainte patronne », et, sur la réponse favorable de
Sa Grandeur, un homme de l'art était commis à cet effet en la

---

(1) Voy. art. *Béatification* dans le *Dictionn. encycl. de la théol. cath.*, de GOSCHLER.

personne de M. le docteur Jules Bardet, lequel, à la date du mardi 8 avril 1862, dressa le catalogue des reliques contenues dans la châsse et miraculeusement échappées à l'orage révolutionnaire (1) ; et, après que les os à lui représentés par devant témoins eussent été certifiés conformes et véritables par cet homme de l'art, M. l'abbé Vivier, ayant cette nouvelle preuve testimoniale entre les mains, partit le 28 avril 1863 pour Liège, en Belgique, d'où il revint le 4 mai suivant. Son voyage n'avait duré que sept jours, y compris le temps perdu en chemin de fer ; néanmoins il eut le loisir de visiter, « silencieux et solitaire », les lieux habités par son héroïne, et l'immense joie d'en rapporter une conviction plus absolue encore dans l'identité de la martyre des Fenots, près de Dreux.

Admirons la foi de ce chrétien errant, mais n'insistons pas. Disons seulement que si la dévotion à Eve ne fût pas déjà tombée en désuétude, son plaidoyer eût achevé de convaincre de raison les incrédules. Sœur Eve a vécu à Liège, et elle y est morte ; voilà simplement la vérité en deux mots. Tout le reste de son histoire est du papier noirci par des scribes sans poésie ou des poètes mal assouplis aux exigences chronologiques de l'histoire. Pourtant, qui sait ? L'exaltation apocalyptique et funambulesque de la soi-disant patronne de Dreux a bien pu être étayée sur le fait du martyre de quelque gourgandine rôdant aux abords du château et que se serait disputée la soldatesque : car, encore un coup, étant donnée l'odeur de sainteté où aurait vécu la pastoure de Garnay, odeur aussi pénétrante pour le moins que celle de la violette, comment s'eût-il pu faire qu'on laissât ainsi exposée aux injures du ciel et des mécréants celle qui avait établi chez

______

(1) Le citoyen Pantaléon Perdreau, du faubourg Saint-Thibault, membre de la confrérie de l'Enfant-Jésus, né en ce temps-là, a raconté comment.

nous la Fête-Dieu, celle dont la figure et les vertus resplendissaient comme une auréole à vingt lieues à la ronde ? Nous protestons contre cette ridicule légende, aggravée d'une calomnie.

La légende, c'est la grâce du passé, c'est le sourire attendri des mères-grand', c'est la religion des ancêtres à travers les âges ; c'est la tradition populaire enfin, depuis le mythe païen de Cybèle, déesse de la Terre, jusqu'à la légende chrétienne du Bon Laboureur, sans oublier les Noëls que chantaient encore les Flambarts de Dreux, en l'an 1785 ; non plus que cette jolie chanson :

> Vivre en France,
> C'est notre lience (1) ;
> Notre roi est couronné
> Dans ce joli mois de mai.
> Quand les blés sont en verdure
> Dieu nous doit bonne aventure.

On ne sait pas assez combien toutes ces épaves populaires sont précieuses pour l'Histoire ; voici d'ailleurs que d'infatigables chercheurs les recueillent de toutes parts ; mais qu'avaient-ils besoin de se placer, eux, les derniers amoureux de la France, sous le vocable saxon de *Folk-Lore ?* Notre langue n'est-elle donc pas assez riche ? En tous cas, ce n'est point l'avis de M. Ernest Renan, ce maître écrivain, qui prenait soin, tout dernièrement, de nous rappeler les bégayements du français, pour ajouter que c'est en Angleterre, mais en langue française,

---

(1) De *liesse,* vieux mot dérivé de *lœtitia,* allégresse. « Tout le peuple en liesse noyait son souci dans les pots », dit LA FONTAINE.

qu'éclate, au XIIe siècle, ce premier appel à l'égalité dans la
bouche du paysan :

> Nous sommes hommes comme ils sont,
> Tous membres avons comme ils ont,
> Et tous aussi grand corps avons,
> Et tous autant souffrir pouvons ;
> Ne nous faut fors cœur seulement !

Sœur Eve, si je vous ai offensée en quelque chose, c'est que
les gens d'Eglise, les hagiographes, vous ont bâti une sotte
légende ; ne me gardez donc point rancune, je vous prie, et
excusez les fautes de l'auteur qui, en finissant, vous fait
amende honorable.

Achevé d'imprimer le 23 mars 1888

par H. Prudhomme

Imprimeur de la Société du Patriote de Chateaudun